Manfred Bofinger

DAS GÄNSEHAUTBUCH

Mampfred Pofinger

Mampfred,
das ist einer,
der immer mit vollem Mund spricht.
Das stammt von mir.
Pofinger,
so wurde ich als Kind
manchmal von denen gerufen,
die mich ärgern wollten.
Manche riefen auch
Popelfinger
oder
Bodaumen.
Damals fand ich das höchst ärgerlich.
Heute weiß ich, daß die Rufer Phantasie besaßen.
Darum möchte ich mich bei ihnen bedanken,
indem ich ihren Kindern und Enkelkindern
dieses Buch gereimt und gezeichnet habe.

Manfred Bofinger

Für
Clara
und
Luise,
deren
Unterhaltungen
ich
immer
wieder
gern
lausche

Glibber - Ekel - Brech

Ein ABC des Grauens
für tapfere Kinder und Eltern

Manfred Bofinger

DAS GÄNSEHAUTBUCH

EICHBORN

Dem
Bahnbrechreiz-Pionier
Joachim
Ringelnatz
gewidmet

Und wenn da plötzlich einer fällt
auf alle Spinnen dieser Welt
und drückt sie einfach platt
und gießt noch Krötenschleim dazu,
verrührt den ganzen Brei im Nu,
das macht so manchen von euch satt.

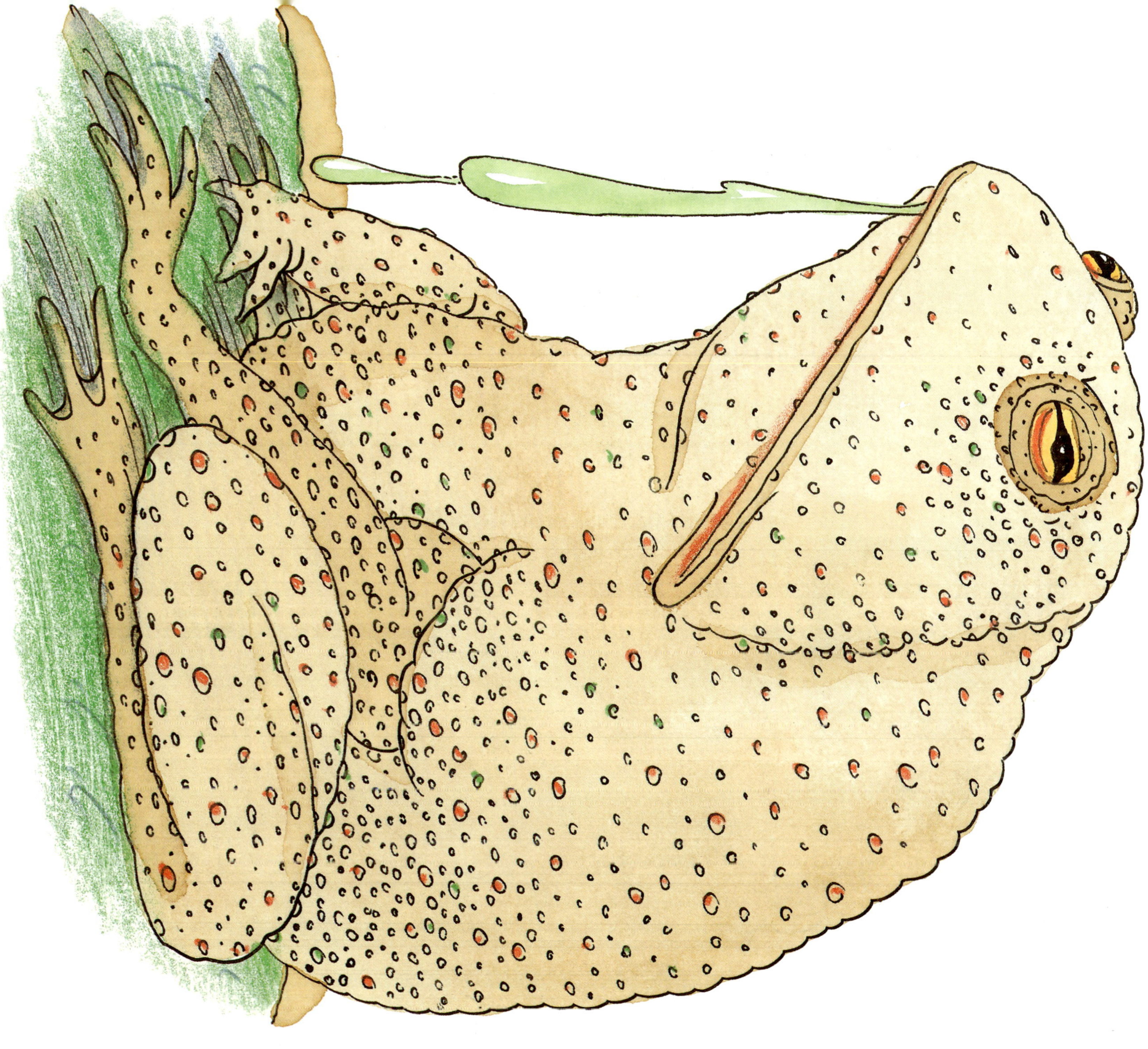

A

Der ***A***pfel fällt nicht weit vom Stamm.
Noch ***a***hnt er nicht, fromm wie ein Lamm,
daß fern von allen grünen ***A***lmen
bald Kinderzähne ihn zermalmen.
Jedoch die Made, dick und rund,
die einst in diesem ***A***pfel war,
verschwindet auch im Kinderschlund
und zwar komplett mit Haut und Haar.

B

Der ***B***arracuda
schreit: "Hallo, du da!
Ich habe ***B***lutdurst
auf dich als ***B***lutwurst!"

C

Chamäleons in Chili-Sauce
sind was für Kleine und für Große.
Das ist ein hübsches buntes Essen,
für Maler ein gefund'nes Fressen.
Das Nackensteak auf eurem Teller.
das wird mal dunkler und mal heller.
Wenn Fleisch bei einer Chilischote liegt,
wird's feurig rot, daß ihr 'nen Schluckauf kriegt.
Dicht neben einem Klecks Spinat,
da ist es grün wie Kopfsalat.
Und manchmal ist es gelb und blau,
schwarz, violett und dunkelgrau.
Doch wenn der Schlips im Essen hängt,
ist es mit Karos ganz durchtränkt.

D

Beim Spiegelblick am Morgen
hat mancher seine Sorgen.
Zum Beispiel ***d***enkt das ***D***romedar:
"Ich bin mal wieder ***D***racula."

E

In einer Regenpfütze
schwimmt grüne ***E***ntengrütze
und zum ***E***ntsetzen
ein kleiner Fetzen
von einer Barbie-Socke
und eine Kunsthaarlocke.
Vor ein paar Tagen schon
gabs eine ***E***xplosion.
Und überm Todesbrei
schwebt grad ein ***E***ulenschrei!
An Lippen unsrer Lieben
entstehen ***E***kelgrieben.

F

Frisch gegrillte ***F***ledermaus
ist ein guter Lederschmaus.
Fingernägel als Dessert
munden nur mit Ketchup sehr.

G

In einem **G**ruselkabinett
liegt **g**raue **G**allertmasse,
die **g**rinst unheimlich nett.
Oh, wie ich sie drum hasse!
Als ob ich in 'nen Napf voll Spucke,
die ständig quallig lächelt, **g**ucke.

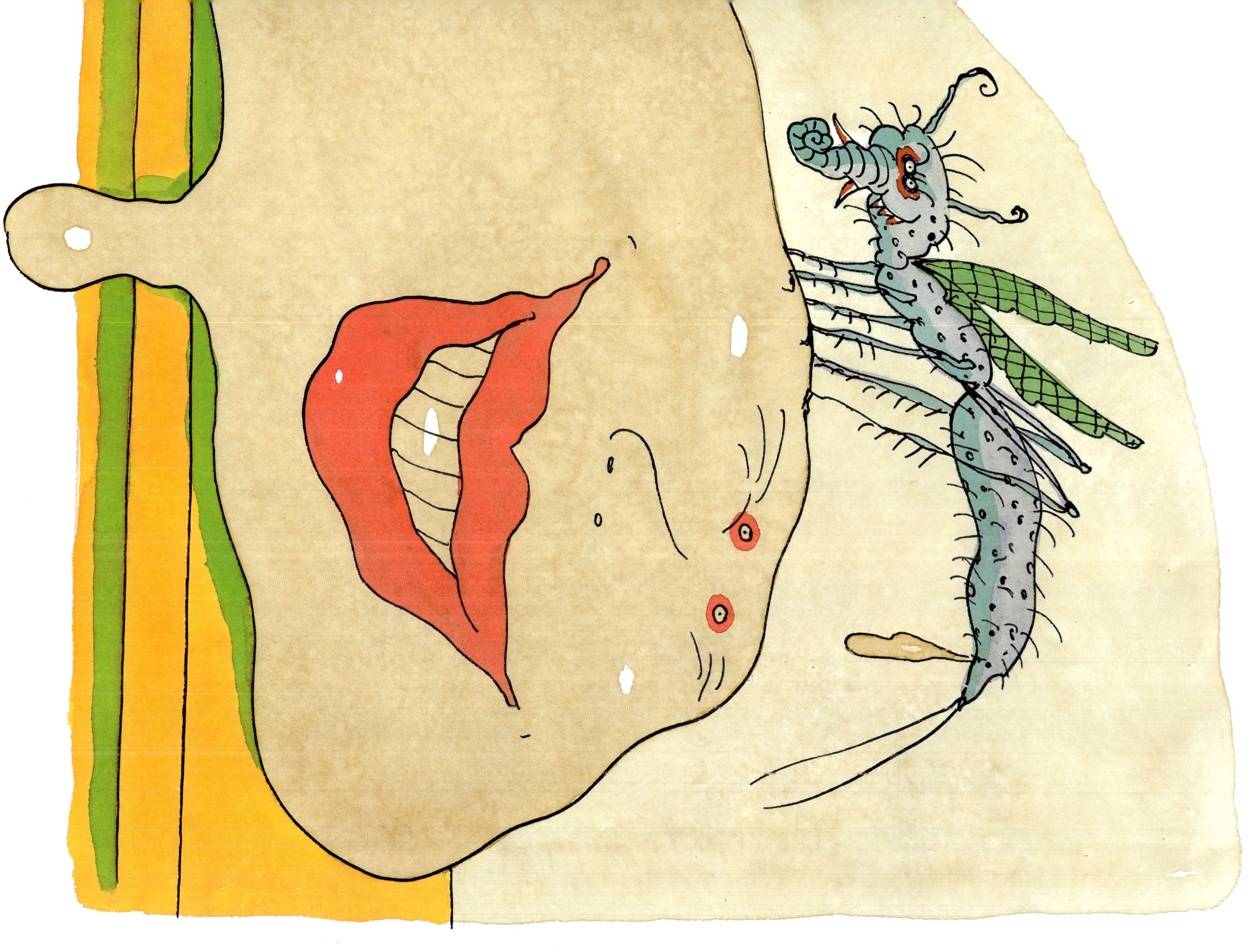

H

Ein ***H***olzbock hatte sich verlaufen
auf einem ***h***ohen ***H***undehaufen,
und als er oben angekommen,
macht ***H***öhenangst sein ***H***erz beklommen.

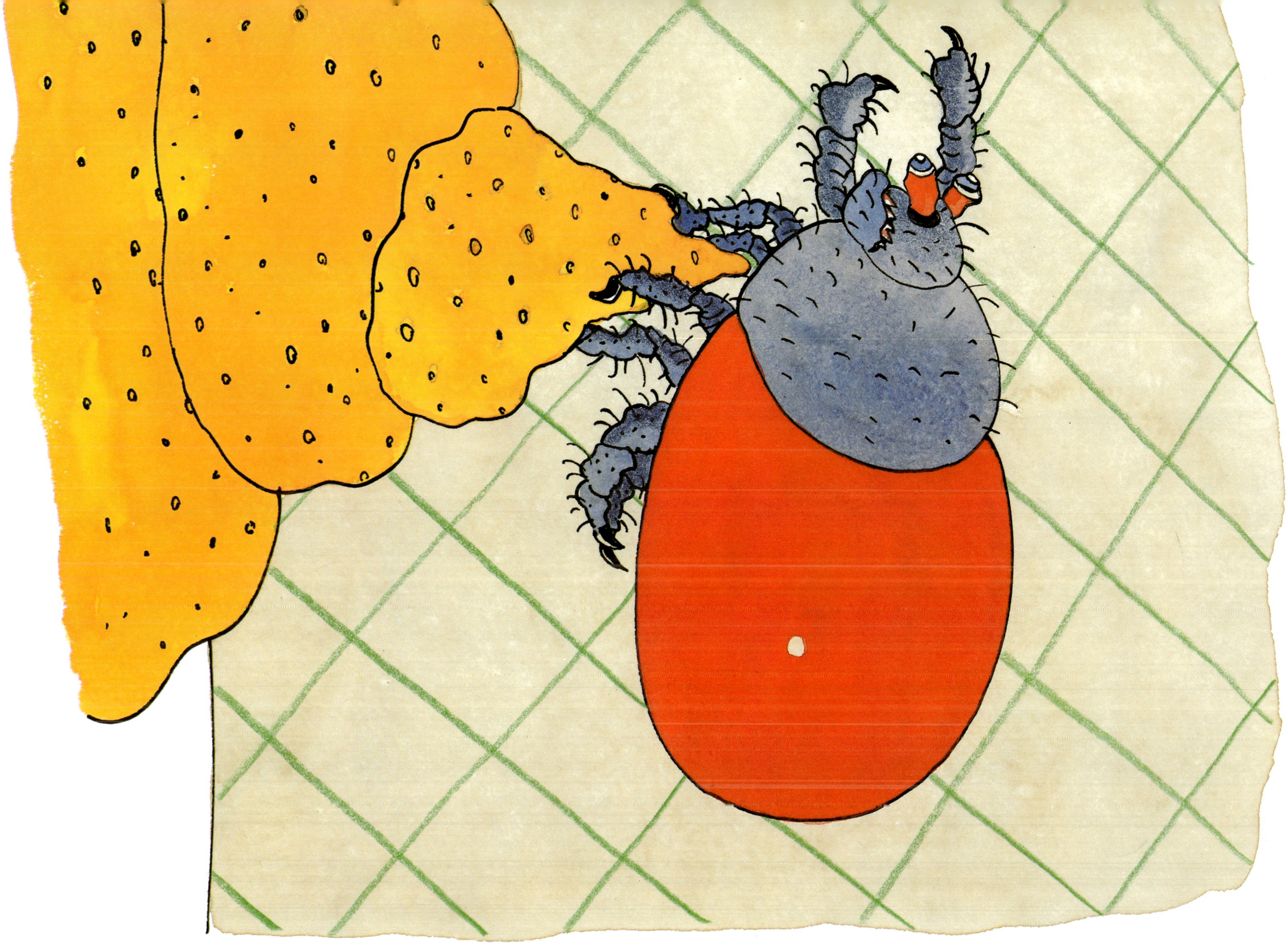

I

Igittigitt. ***i***gittigitt!
Igelblinddarm schmeckt nach Kitt,
besonders nachts im Teufelsmoor,
dort kommen viele ***I***gel vor.
Da knurrt der Hund von Baskerville,
es knurrt sein Magen. Seid mal still!
Im ***I***rrlichtkegel schmatzt der Fresser.
Die ***I***gelstacheln, scharf wie Messer,
zerstechen ihm den Höllenschlund.-
Nun fressen wir den Höllenhund!

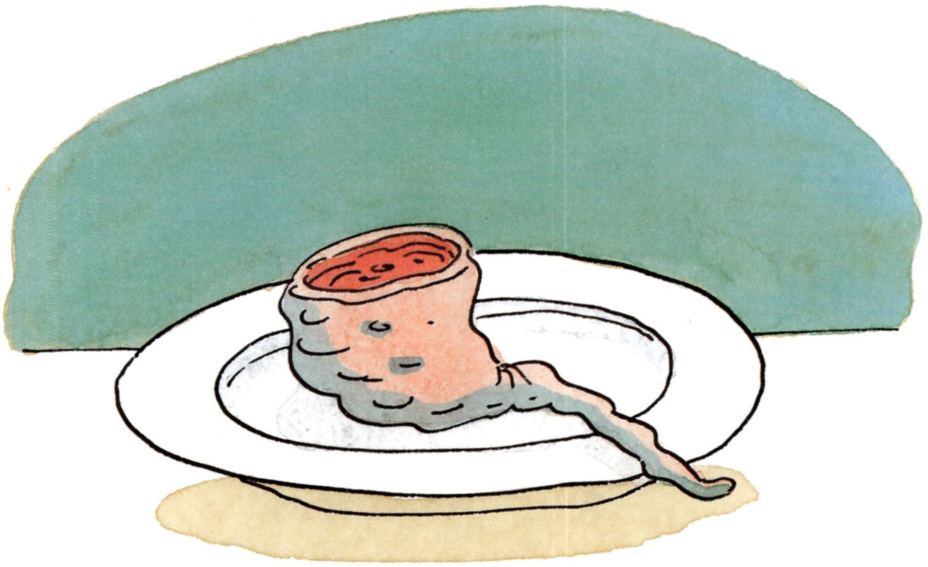

J

Dem ***J***aguar ein Gaumenkitzel
sind frischerlegte ***J***ägerschnitzel.
Derweil stirbt der Safari-Opel
durch einen fetten ***J***umbo-Popel.

K

Kellerasseln, diese Süßen,
krabbeln flink mit ***K***äsefüßen,
kuscheln sich an ***K***indleins ***K***opf,
kriechen in den blonden Zopf.
Asselkäse, wie man weiß,
ist schlimmer noch als ***K***rötenschweiß.

L

***L**ippenstift aus **L**äuseblut*
schmeckt beim Küssen wirklich gut.
Zahnputzkrem aus ***L**ederfett*
ist bei weitem nicht so nett.

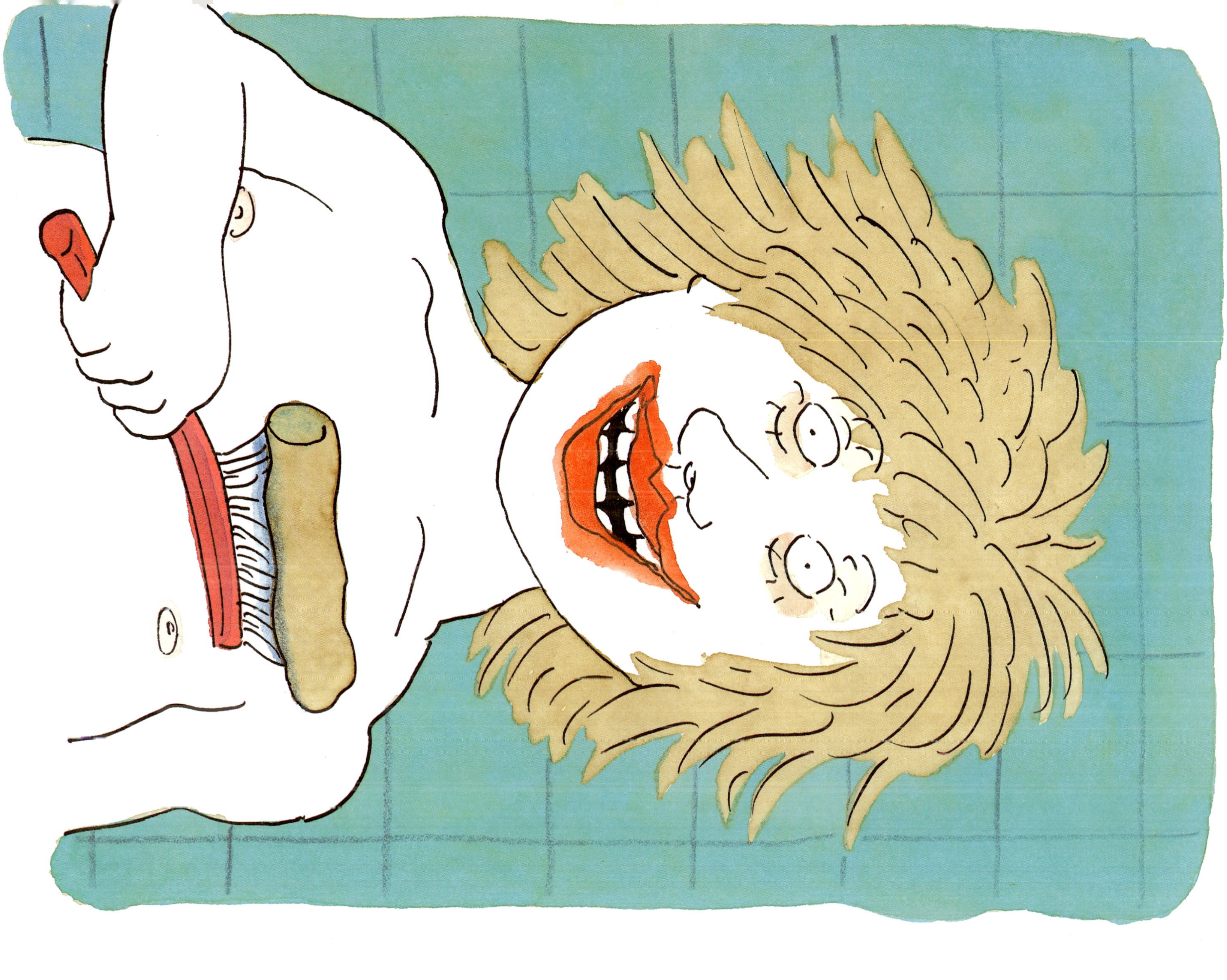

M

Gibt's für'n ***M***agen ein Register?
Wird der ***M***aulwurf Bauminister?
Ist das Blut des ***M***ehlwurms kalt?
Schlafen ***M***örder nachts im Wald?
Knirschen ***M***uränen
mit den Zähnen?
Stammt unser ***M***astdarm
von einer ***M***astfarm?
Kann ***m***an ***m***ittels ***M***äuseschwänzen
Fleischsalate kühn ergänzen?
Ist eine ***M***umie, vom ***M***oder zerfressen,
jemals als ***M***oderatorin vergessen?
Wir woll'n für alle hoffen,
die Fragen bleiben offen.

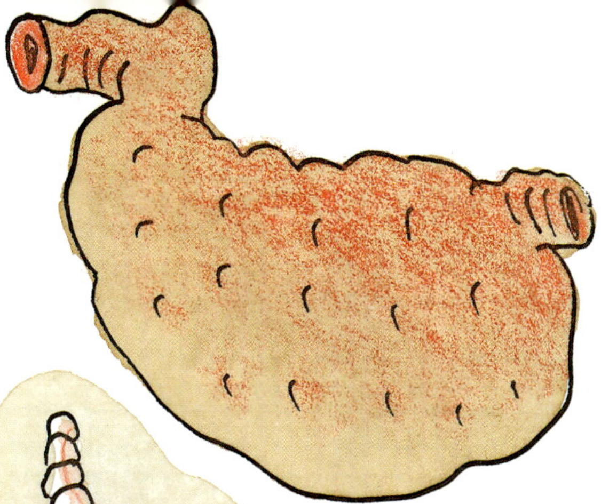
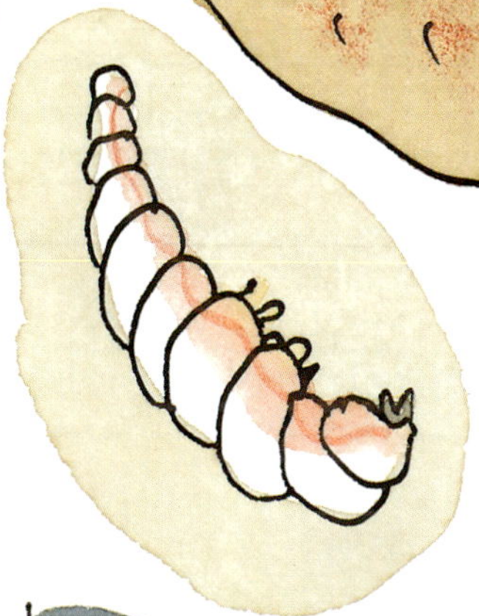
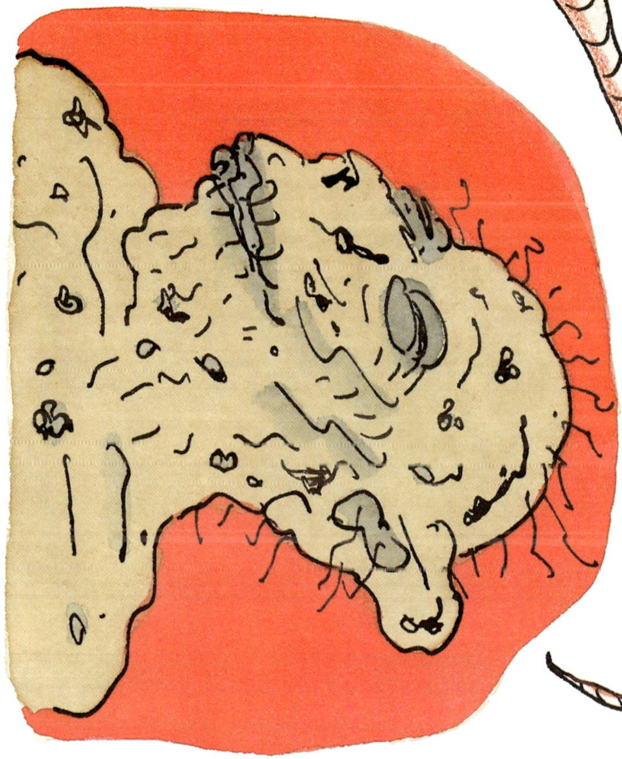
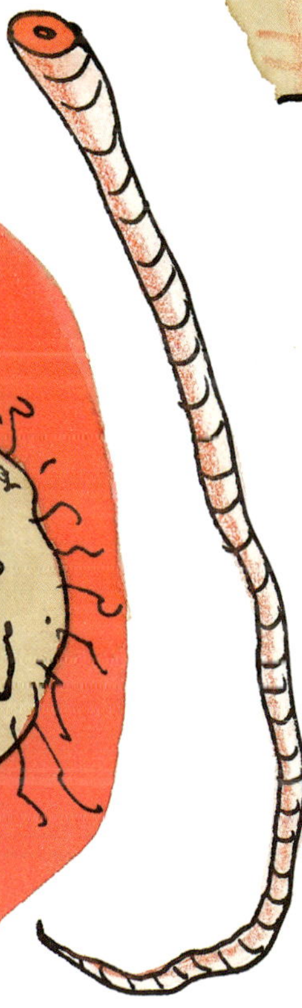

N

Als Dracula am ***N***uckeln war,
da hing ihm was im Schnurrbarthaar.
Erst glaubte er, 's wär ***N***asenschleim,
dann dachte er an Knochenleim.
Viel später war ihm plötzlich klar,
daß es 'ne ***n***ackte Schnecke war.

O

Ein ***O***hrring und ein Brathering
in ***O***mas Schmuckschatulle
sind so wie ***O***hrenschmalz mit Salz
auf einer Weißbrotstulle.

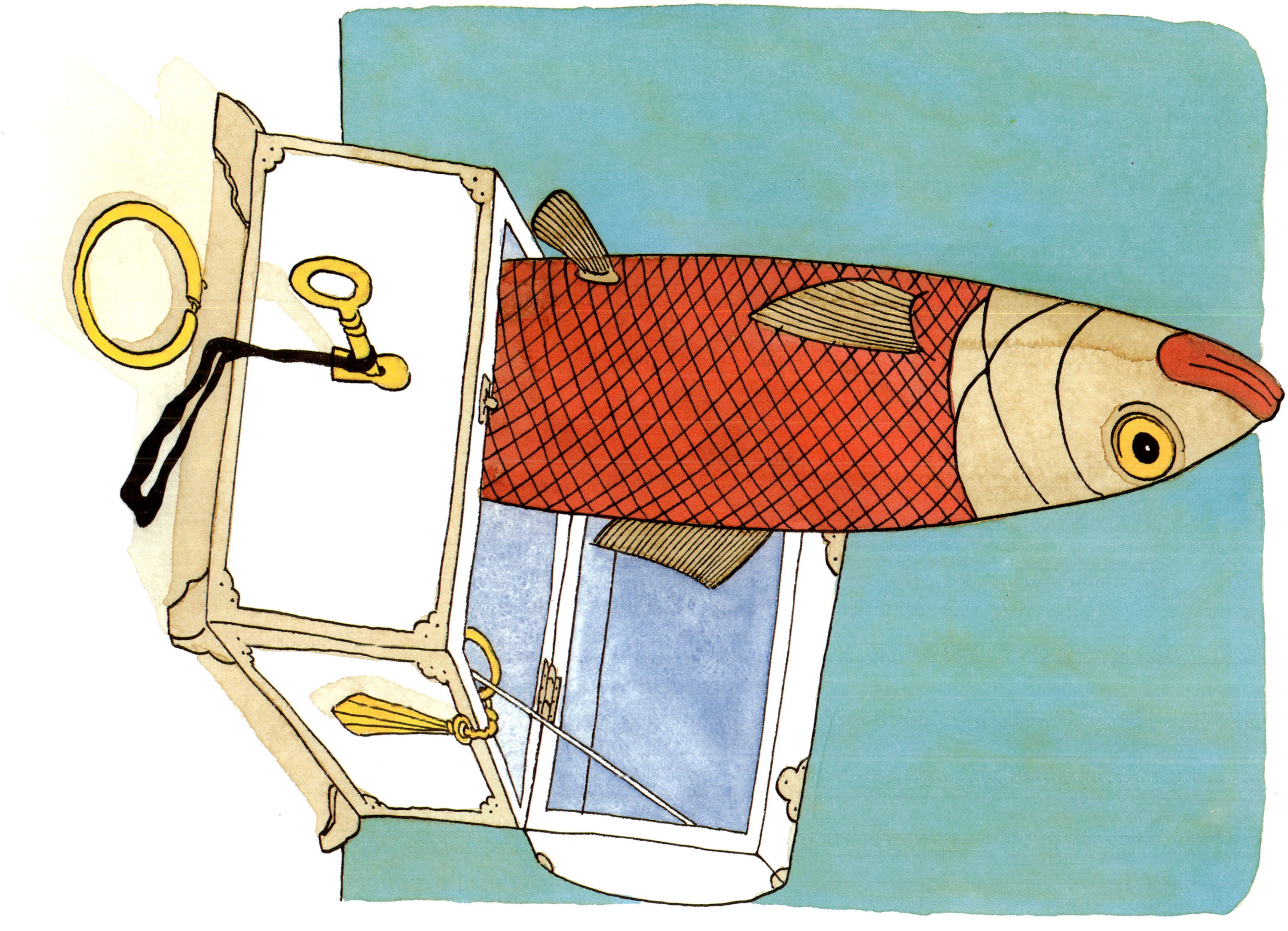

P

Ein ausgestopfter ***P***inguin,
vier ***P***ythonschlangen in Benzin,
ein Octopus in Spiritus,
ein ***P***avian in Rizinus,
ein ***P***apagei in Formalin,
ein frisches Fell vom Hermelin,
die schmissen ihren ***P***räparator
in einen Zimmerventilator.-
Ins ***P***räparatorleben
fiel drum ein Wermutstropfen,
er selbst war, zugegeben,
nun nicht mehr auszustopfen.

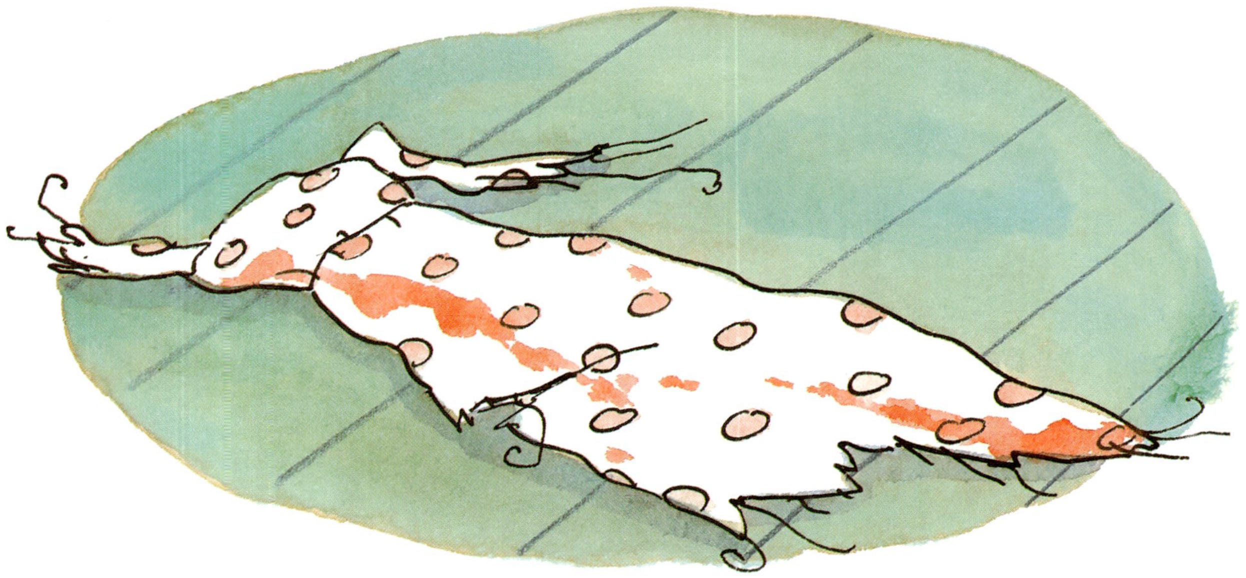

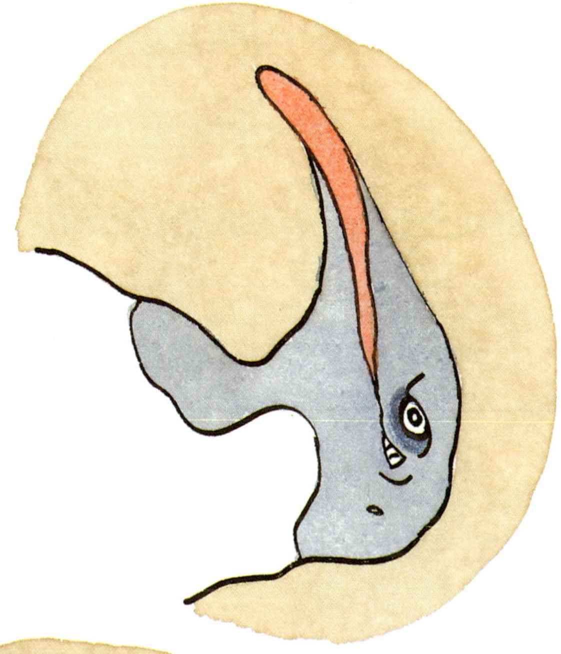
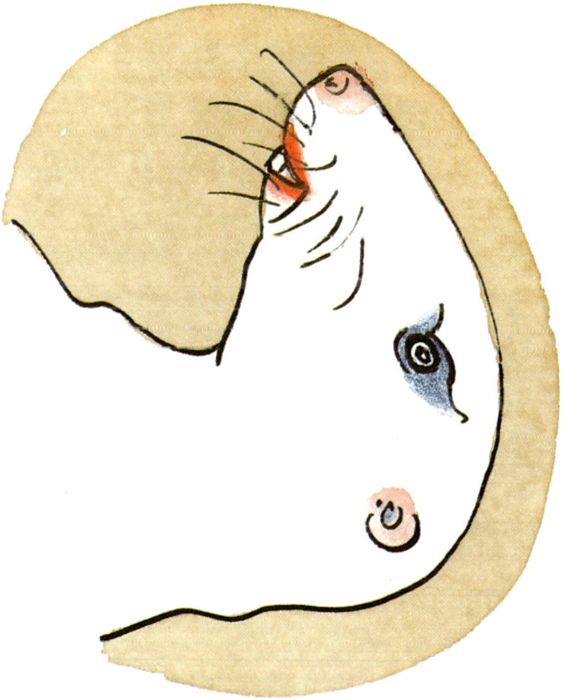
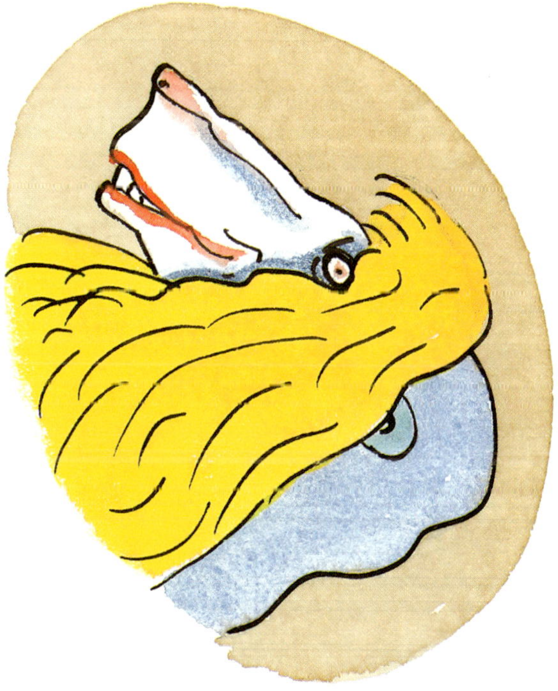
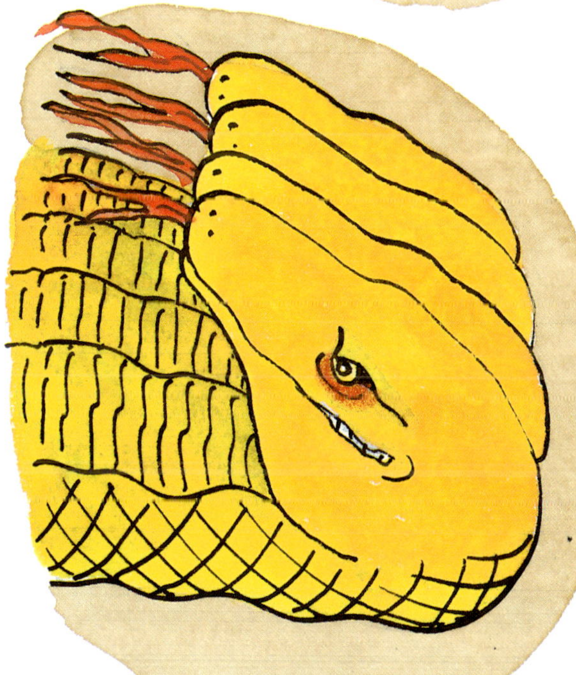

Q

Mein Gesicht ist fahl,
oh, welche ***Q***ual!
Wohin ich auch gucke,
Quallenspucke!

R

Sechzig ***R***üsselkäferbeine,
gut in ***R***attenmilch getränkt,
die bekam ***R***oswitha neulich
kurz nach Mitternacht geschenkt.
Dies Paket von ihrer Tante,
mit 'nem ***R***egenwurm verschnürt,
den man schon vom Angeln kannte,
habe ich dann bald gespürt.
Denn es lag, das müßt ihr wissen,
als Geschenk an mich nun wieder
unter meinem Kuschelkissen,
und ich schloß die Augenlider.

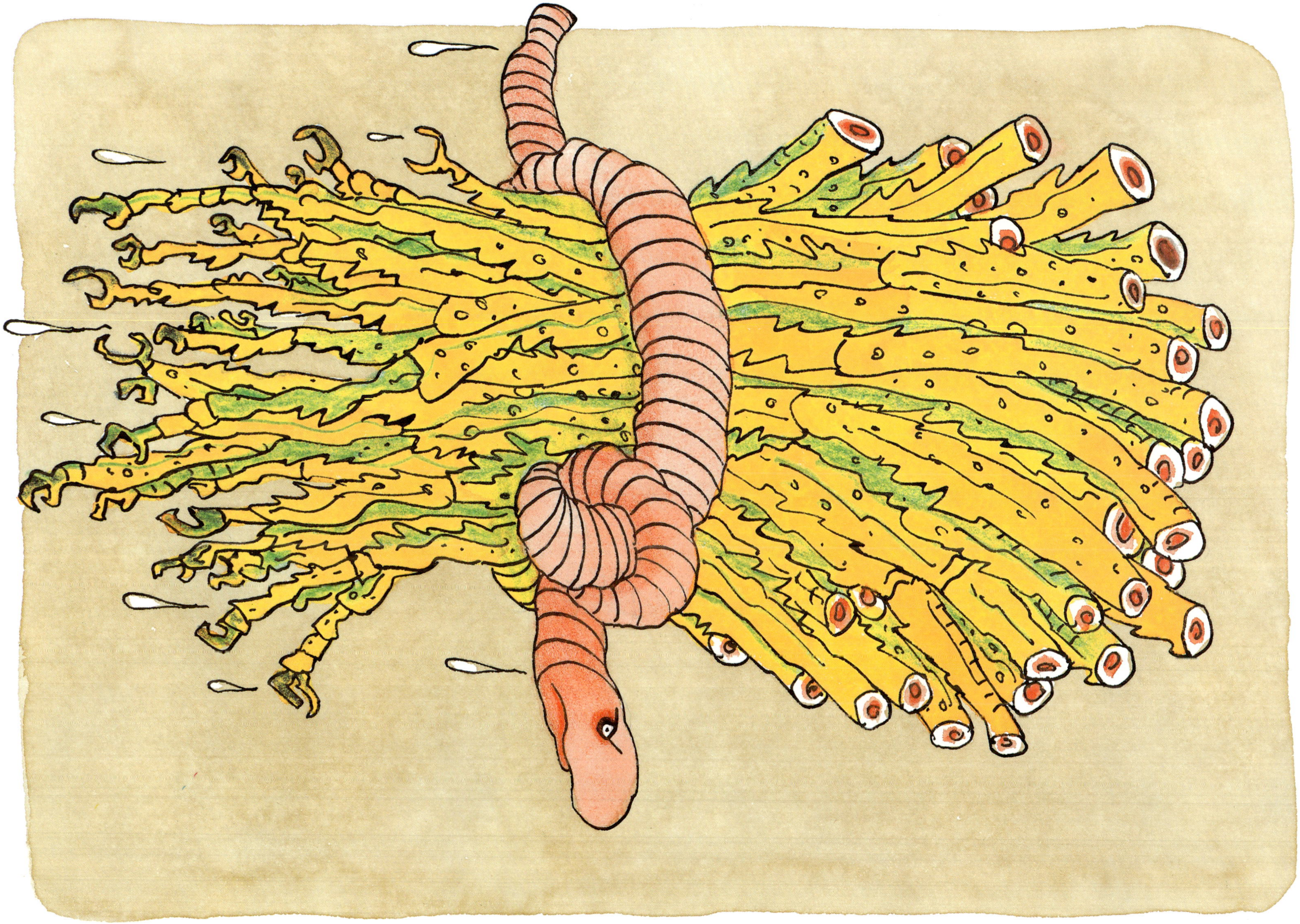

S

In einer Schreckenskammer,
da wabern Spinnenweben.
Zwei Ratten, mit Gejammer,
zerbeißen sich das Leben.
Im Schneckenschleim ertrinkt
giftgrüne Schlangenbrut.
Ein Skorpion versinkt
in schwarzem Schweineblut.
Ein Hundskadaver hechelt,
und unser süßes Spätzchen,
das in dem Grauen lächelt,
spuckt in sein Sabberlätzchen.

T

Man sah, wie ***t***ausend ***T***ausendfüßler
in einen ***T***otenschädel krochen.
Heraus kam nur ein Dickmaulrüssler
mit einem ***T***eufelsrochen.
Aus beiden leeren Augenhöhlen
hört man die ***T***ausendfüßler grölen.

U

Im Tunnel-***U***ntergrund
ein ***U***ngeheuerschrei!!!!!!!
Verstummt ist jeder Mund.
Die Glieder sind wie Blei.
Ein ***U***rschrei in der ***U***-Bahn-Linie Eins
im Herzen von Berlin!!!!!!!
Aus Babywindeln tropft ***U***rin:
Das ***U***ngeheuer war gar keins.

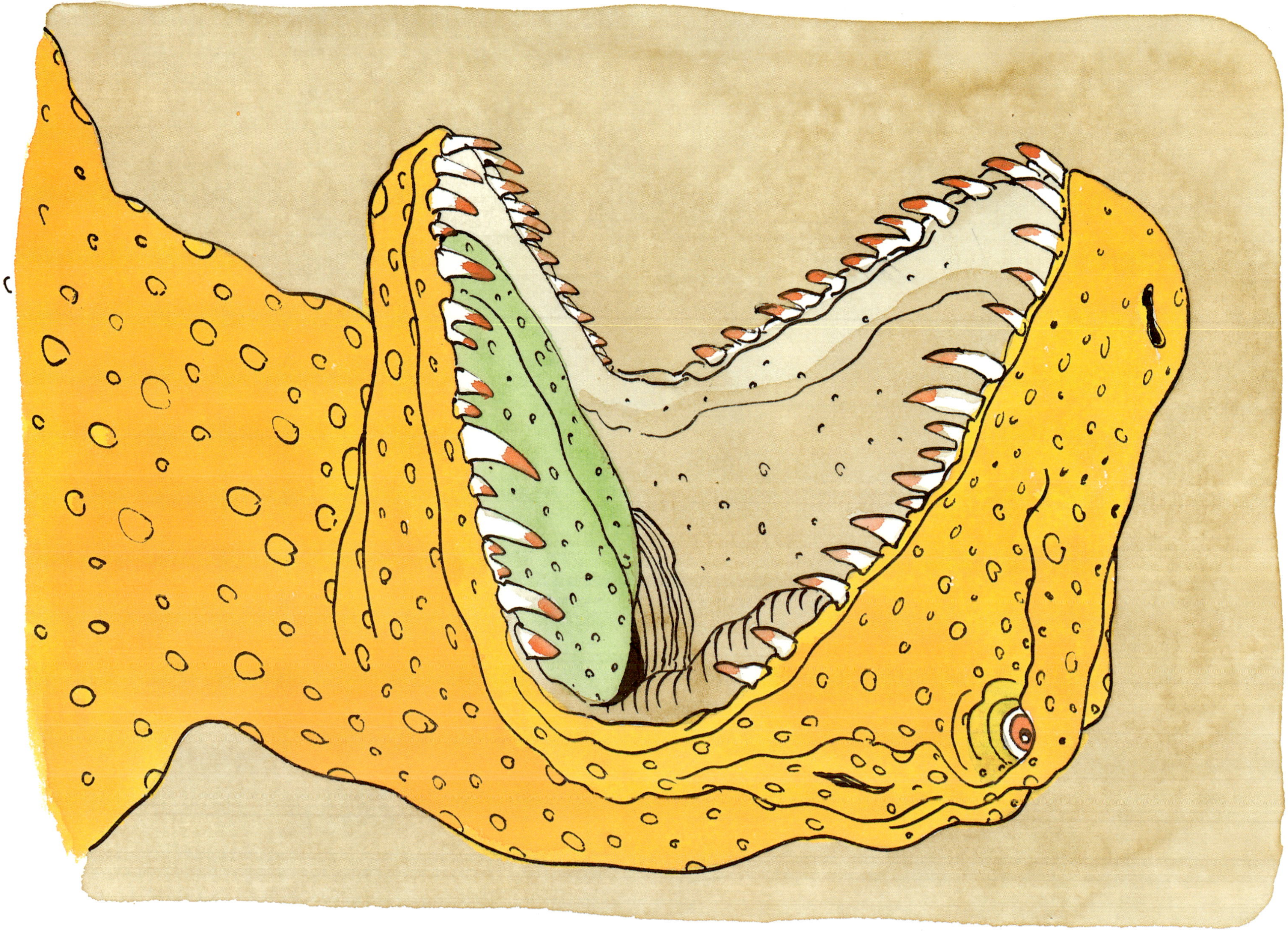

V

Die *V*ogelspinne beißt
den bissigen *V*ampir
und sagt: "Damit du's weißt:
So wie du mir, ich dir!"

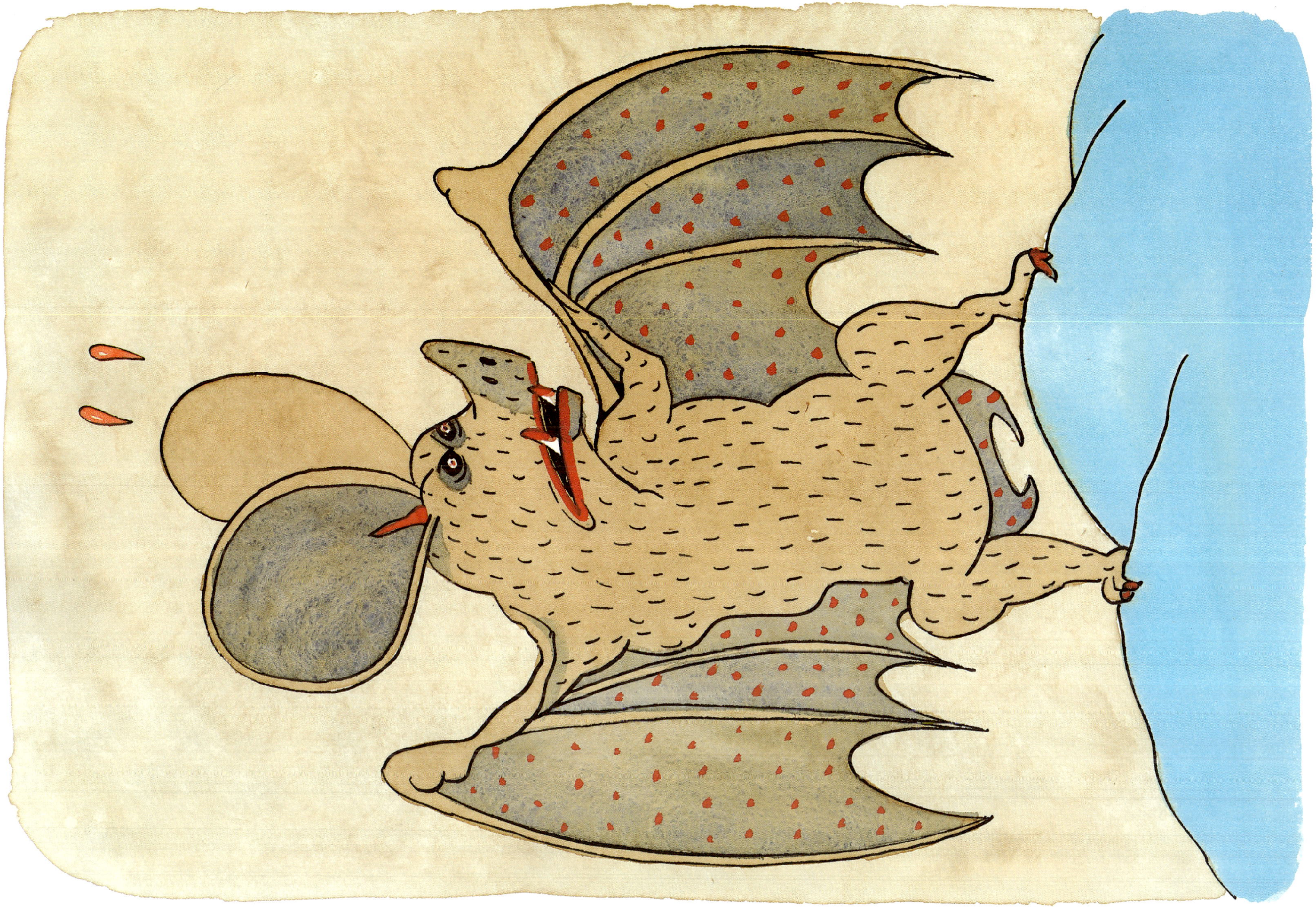

W

Weißes Boot, weißer Sand,
weiße Frau, weiße Hand,
Wadenkrampf, Wehgeschrei,
Wasserleiche, weißer Hai!!!!!!!
Wieder mal ist dieser schuldig.---
Würmer warten ungeduldig.

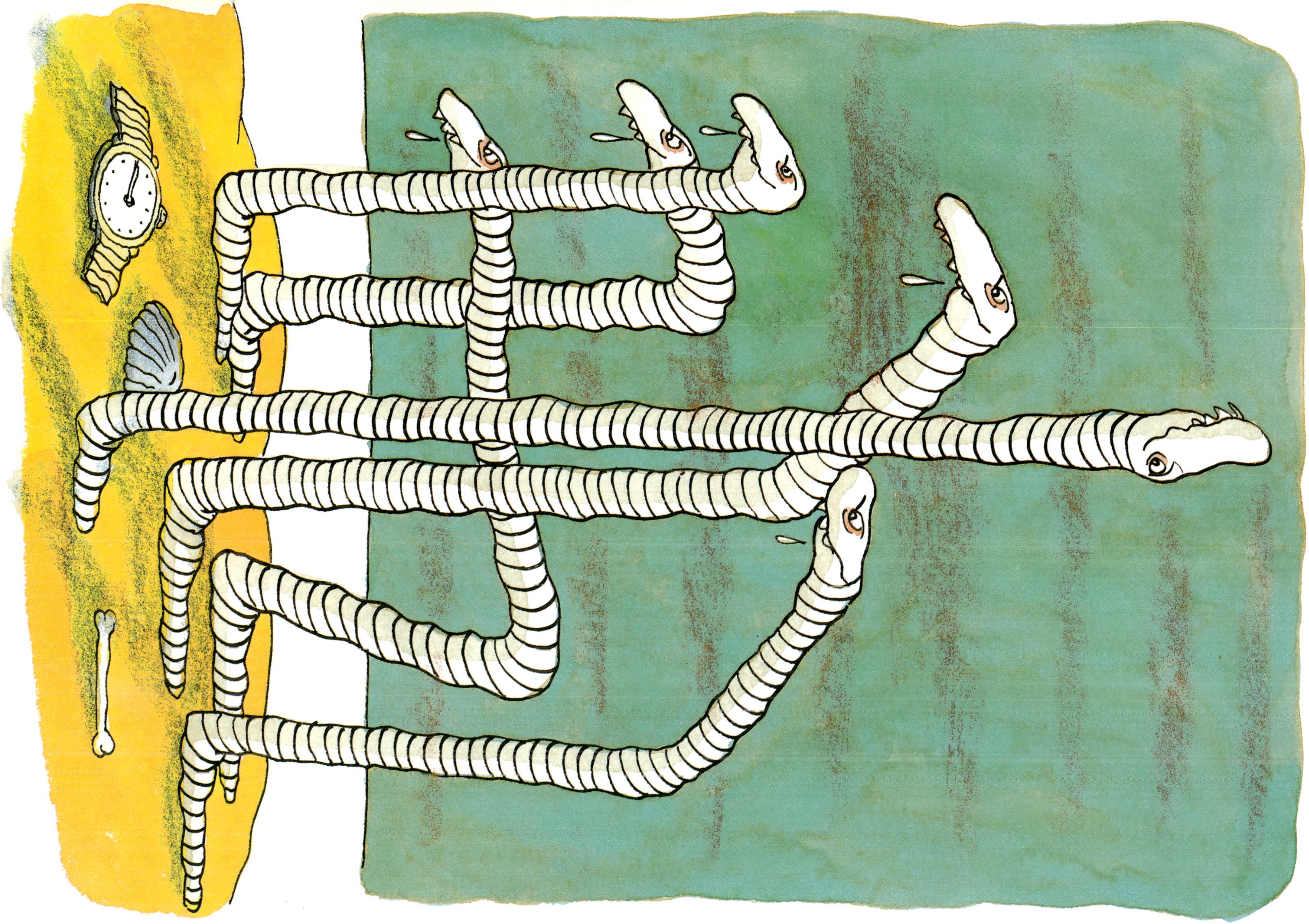

X

HeXen spielen Xylophon
auf fahlen Kinderknochen.
Aus diesen kommt dann Ton auf Ton
ein Kinderlied gekrochen.

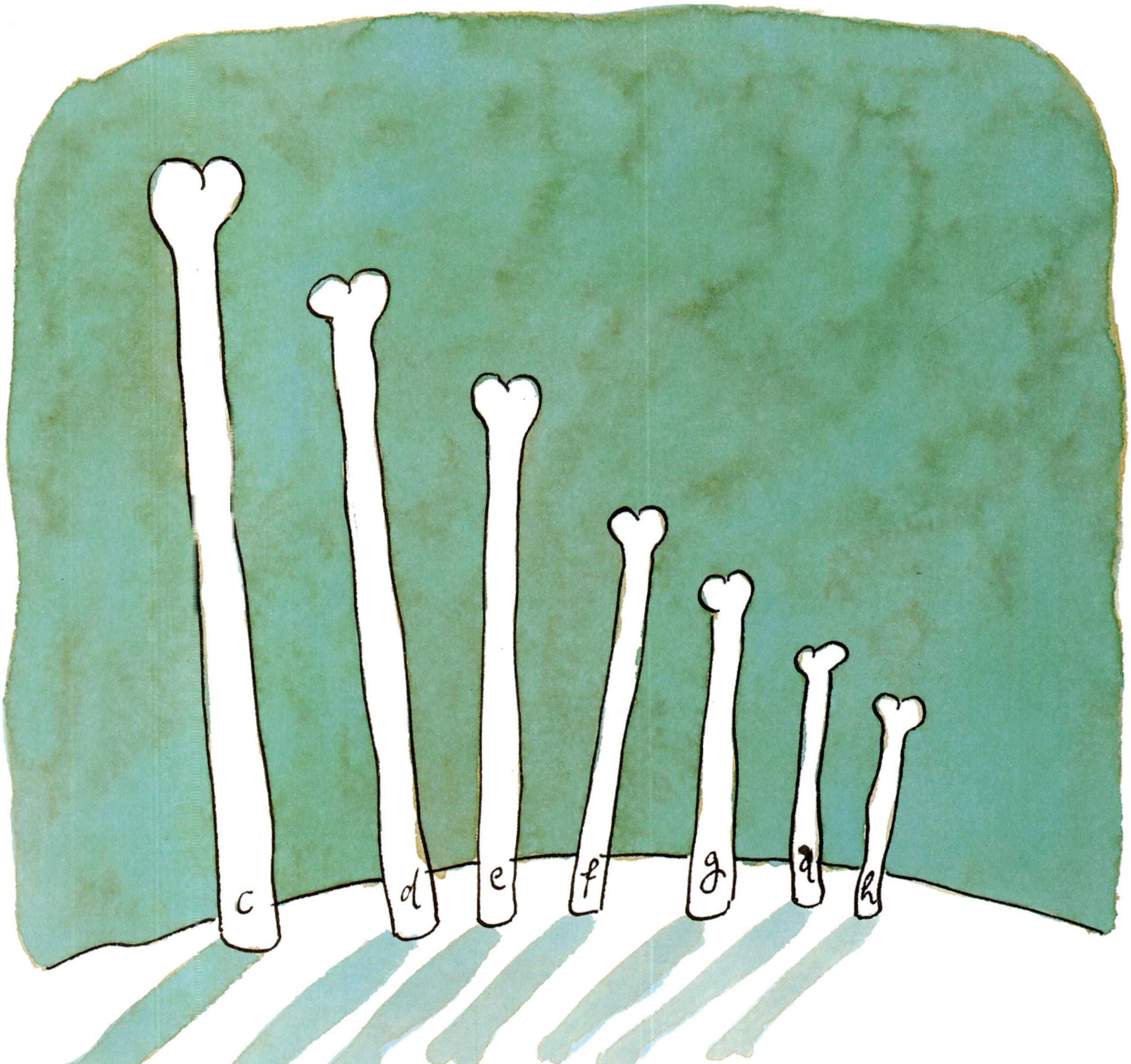

Y

Zikaden-Ma**y**onnaise
mit Mäusekot aus Käse,
davon ein großer Klacks,
das ist Kompott für Max
sowie ein prima Lutschbonbon
für ***Y***aks mit vorne ***Y***psilon.

Z

Ein **Z**ahnschmerz steht am Eiterherd
und brutzelt **Z**eckenschenkel.
Die Blutkaraffe wird geleert,
und Schorf klebt noch am Henkel.
Hat dies den **Z**ahnschmerz wohl bewogen,
den Milchzahn zu entfernen?
Oh nein, der **Z**ahn ist ausgezogen,
das Gruseln zu erlernen.

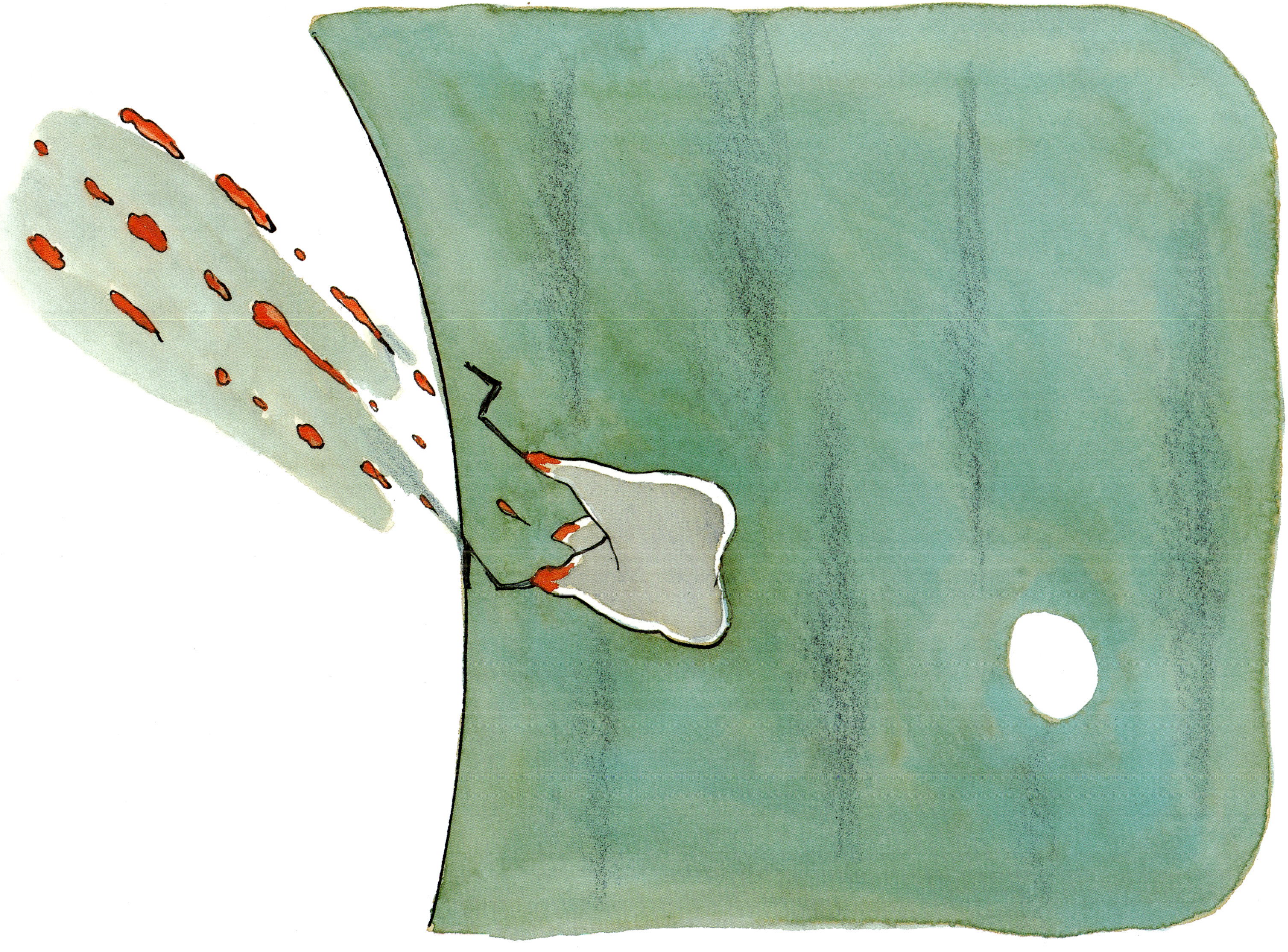

Das war Glibber, Ekel, Brech.
Wer da schaudert, der hat Pech.

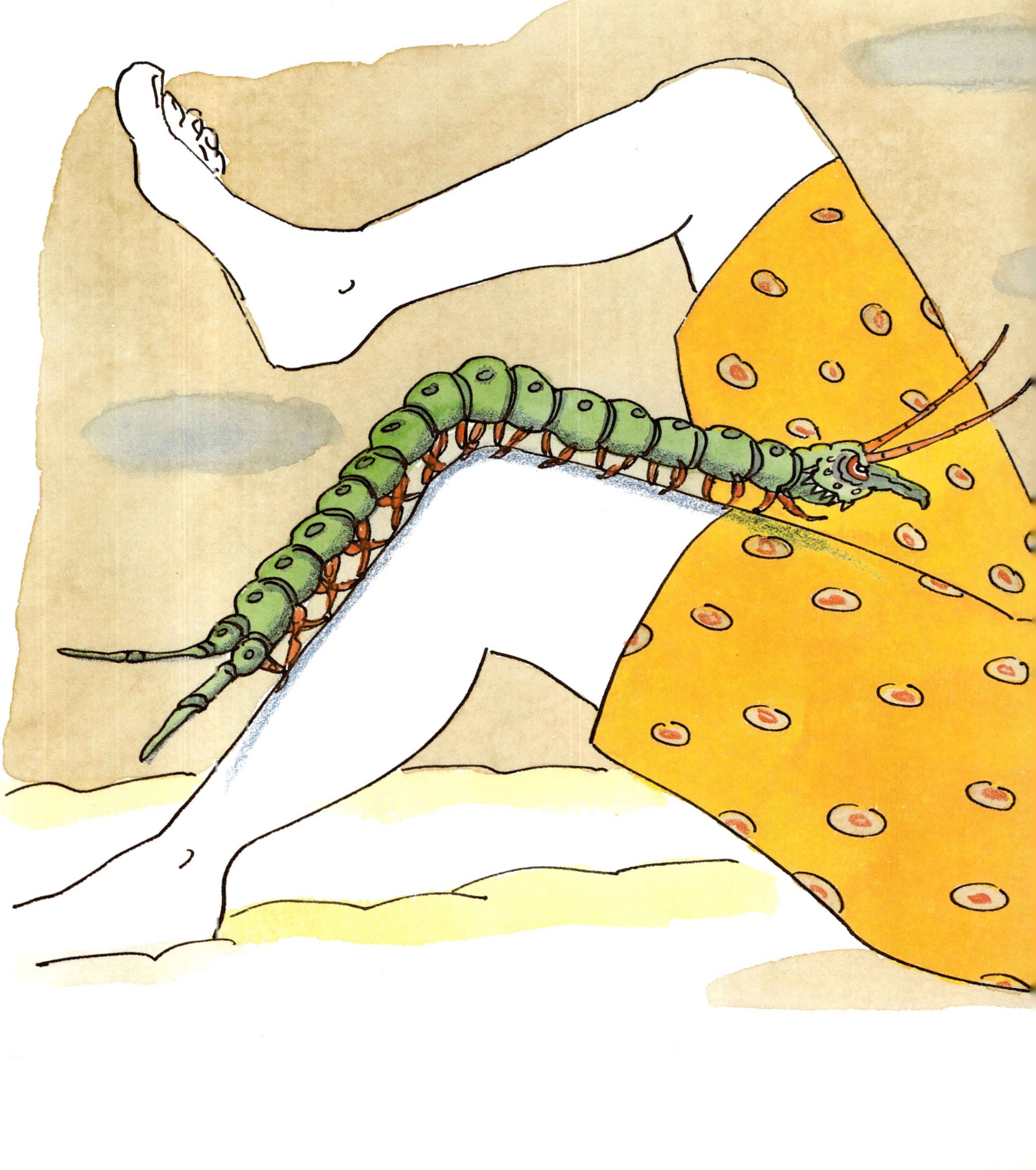

Die Deutsche Bibliothek – CIP-Einheitsaufnahme

Bofinger, Manfred:
Das Gänsehautbuch : ein ABC des Grauens für tapfere Kinder und Eltern / Manfred Bofinger. – Frankfurt am Main : Eichborn, 1994
ISBN 3-8218-3622-9
NE: HST

Umschlaggestaltung: Manfred Bofinger.
Satz: Fuldaer Verlagsanstalt, Fulda.
Druck und Bindung: Offizin Andersen Nexö, Leipzig.

ISBN 3-8218-3622-9

Verlagsverzeichnis schickt gern:
Eichborn Verlag, Kaiserstraße 66, D-60329 Frankfurt am Main